martin pepper

DIE *Melancholie* DER *Möglichkeit*

MC PEPPER SONGS

ISBN Nr: 978-3-9813157-3-8

mc-peppersongs
Postfach 480302
12253 Berlin
Tel:030-7759963

Coverfoto: Philip Schlaeper
Design und Satz: Olaf Johannson, spoon design
Druck und Bindung: Print House DB
Lektorat: Ingeborg Hagedorn, M.A.
Bestell-Nr: PS-214
2. Auflage Januar 2015

„Das Spiel der Assoziationen gehört zum inneren Wesen der poetischen Rede. Sie kann die Sprache aus dem Zwang zu unmissverständlicher Mitteilung in festgelegten Begriffen erlösen."

Robert Musil, 1880 – 1942

Vorwort

Worte sind Chiffren — sie stehen für etwas anderes. Sie tragen die Essenz der Erfahrung in sich. Dichtung ist der Versuch, über Worte mehr als eine nüchterne Information zu vermitteln. Handbücher, Lexika und technische Fachliteratur werden in der Regel nicht in Form von Reimen oder Erzählungen verfasst. Hier zählt nur die nüchterne, faktische Information. Doch in der Poesie zählen das Gefühl, die befreienden Erkenntnismomente, das Einfangen von Drama und Schönheit des Lebens. Poesie kann sogar zu einer Art Therapie werden, wenn wir uns nämlich beim Reimen und Dichten selbst auf die Spur kommen. Wenn Worte uns etwas aufschlüsseln, das wir sonst nicht benennen oder erklären können, hat dies eine befreiende Wirkung auf uns.

Als Songwriter arbeite ich seit Jahren mit Worten, um sie für Lieder nutzbar zu machen. Dieses Dichten für Lieder hat seine eigenen Gesetzmäßigkeiten. In der Vergangenheit bin ich mit meinen Texten oft an die Grenzen der musikalischen Form gestoßen. In der Poesie habe ich die Möglichkeit gefunden, über diese Grenzen hinauszugehen, anderes zu sagen, mehr zu sagen als das, was in ein Lied passt. Und dennoch sind diese Worte nicht ohne Musik. Sie klingen in meiner Seele, haben einen Rhythmus, eine Melodie und bringen etwas in mir zum Schwingen. Damit erzeugen sie Wärme, Trost und Kraft.

Diese Erfahrung möchte ich gerne mit Ihnen teilen. Obwohl meine Prägung durch den christlichen Glauben immer wieder durchscheint, ist dieser Band für alle Menschen gedacht — egal, welche Glaubensrichtung ihnen plausibel und lieb geworden ist.

Martin Pepper, im Januar 2014

„Martin Pepper ist mir seit Jahren durch seine Lieder bekannt, deren Texte schon viele Menschen tief berührt haben. In seinem ausdrucksstarken Gedichtband ‚Die Melancholie der Möglichkeit' zeigt er noch einmal eine ganz andere Klasse der sensiblen Reflexion tiefer Wahrheiten."

DR. SIEGFRIED ZIMMER, PROFESSOR
FÜR EV. THEOLOGIE UND RELIGIONSPÄDAGOGIK
AN DER PÄDAGOGISCHEN HOCHSCHULE LUDWIGSBURG

Die Melancholie der Möglichkeit

Bin mir der Qual der Wahl bewusst –
ich könnte, würde, wäre viel.
Ich spür die Möglichkeit als Last,
hab nicht die Kraft für jedes Ziel.
Ich bin nur einmal wirklich hier,
begrenzt, mal stark, mal schwach.
Das Nichtgeword ne tief in mir
hält mich im Dunkeln manchmal wach.

Es bleibt als Frage quälend stehen,
was wär geworden, wenn ich den
und nicht den anderen Weg gegangen wär?
Wo wär ich dann, vielleicht nicht hier!
So schleicht sich in mein Ja zum Jetzt
ein Maß an Traurigkeit,
weil das, wofür man blutet, schwitzt,
manch andres ausschließt in der Zeit.

Denn ohne Ausschluss geht es nicht,
nur eine Richtung hat Gesicht.
Entscheidung heißt das Lebenslos,
wer das versäumt, der wartet bloß,
versinkt im Sumpf von Wunsch und Traum,
wird nie ein Fluss, ein Weg, ein Baum.
Wer nur bedenkt und nie bewegt,
hat seinen Stollen stillgelegt.

Ich leg die Hand an meinen Pflug,
ich sä die Samenkörner klug.
Was aufgeht, kann mich schon ernähren
und dennoch nicht dem Zweifel wehren,
was außerdem noch möglich war,
was ich verpasst hab, ganz und gar.
So bleibt ein Hauch von Schmerzgefühl
bei jedem froh erreichten Ziel.

Denn komm ich auch im Leben weit,
zurück bleibt manche Möglichkeit!
Ich weiß, warum ich traurig bin,
es ist der Abschied im Beginn.
Die Wirklichkeit ist grenzbesetzt,
es kann nie alles gehn –
wer das verleugnet, wird verletzt
und scheitert am System.

Ich lebe immer als Fragment,
nur Teil vom Potenzial,
hab mich von vielem selbst getrennt,
das ist die Qual der Wahl.
Der Mut zum Sein ist Mut zum Nein,
nur so macht Leben Sinn,
und das, was möglich ist, geht nie
ganz ohne Melancholie!

Fluss und Baum

Ich hör den Fluss, ich riech den Duft,
spür die Feuchtigkeit der Luft.
Ich geh ans Ufer, setz mich hin,
seh Linien auf dem Wasser schwimmen.
Changierend, schillernd, schöner Glanz,
ein Strudel zeigt mir seinen Tanz.
Das Gleiten, Strömen, Fließen lockt,
die Seele hat schon angedockt.

Ich sitz nicht mehr als Mensch im Raum,
ich pflanz mich ein, ich werd ein Baum.
Die Wurzeln streck ich gierig aus,
zieh Wasser aus dem Grund heraus.
Die Luft ist wie ein Elixier,
sie macht gesund, es heilt in mir.
Ich bin verbunden mit der Quelle,
sie sickert durch zu jeder Stelle.

Ich kann mich dem nur überlassen,
ich halts nicht selber fest.
Ich lasse etwas mit mir machen.
So wächst ein Blatt, ein Zweig, ein Ast.
Bald hängen hier die guten Früchte
für Menschen, die vorübergehn;
und Zeit wird langsam zur Geschichte,
ich kann das Gute wachsen sehn.

Ich bin ein Mensch, der sieht und hört,
den Sinn und Sehnsucht in sich spürt,
ein Baum mit Wurzeln nah am Fluss,
entlegen, fern vom Überdruss.
Die Hektik und der Druck der Zeit
verlieren die Überlegenheit,
mein Stamm ist aus Geborgenheit,
die Äste spenden Schatten weit.

Wie frisch die Wiese um mich her,
Geräusch, Geruch, ein buntes Meer.
Gelb schimmert es, braun, grün und rot,
ein sanftes Wiegen wie im Boot.
Mit Wind und Sonne über mir,
mit kleinen Wolken, feiner Zier –
alles wirkt wie orchestriert
und nur für mich so arrangiert.

Hier wird mir klar – an diesem Ort –
was ich vor allem bin!
Ich spüre meinen tiefsten Wert,
geb mich dem Ganzen hin.
Liebe trifft und findet mich,
sie schafft sich ihren Raum –
durchwirkt Erfahrung, Schatten, Licht,
hier bin ich Fluss und Baum.

Wenn Worte wärmen

Wie wird es sein, wenn Worte wärmen,
wie wird es sein, wenn Schatten fliehn,
wenn Licht Gestalt wird in Erbarmen
und dunkle Wolken weiterziehn!
Wie wird es sein, wenn Wälder wachsen,
wo vorher Wüste, Salz und Stein
den Grund und Boden streng bewachten –
kein Tropfen Leben fiel hier ein –
wenn sich der Urwald der Erfahrung
mit wilder Fülle frei ergießt,
wenn Kraft und Weisheit gleichsam gären
und Segen ungehindert fließt!

Wie wird das Schöne in uns Menschen
zu einem Satz, zu einem Ort,
wie reden wir von unseren Wünschen,
wie finden wir das rechte Wort?
Wir brauchen Rotlicht auf dem Spross,
Ermutigung, zu sein,
spontan, persönlich, bunt und groß,
ganz eigen und doch nicht allein.
Wenn Wärme wirkt, kommt auch der Mut,
zu hörn und zu verstehn,
was in uns vorgeht, was sich tut –
und darauf einzugehn.

Dann fallen Mauern von den Ohren,
dann stehen Herzen auf Empfang,
frei kann man Worte sehn und spüren,
und Reichtum mischt sich in den Klang.
Da glänzt das Gold aus unseren Seelen
und zieht den Glanz in unseren Tag.
Da kann man Wunder nacherzählen
und wird nicht sofort hinterfragt.

So wird es sein, wenn Wahrheit wandert,
wenn Brücken über Ängsten stehen,
wenn selbst der Spötter Gott bewundert
und Blinde seine Schönheit sehn.

Denn wie wunderbar und warm
können Worte werden
frei von Klage und Alarm,
Vorwurf und Beschwerden,
heilsam, freundlich, offen, frei,
ohne Zwang zur Färberei,
mit Verständnis für das Sein,
in dem wir alle stehn —
Worte können uns befreien,
ins Herz der Welt zu sehn.

Die Poesie der Unvollkommenheit

Auf den Punkt genau ins Ziel,
nicht zu wenig, nicht zu viel.
Geradezu, halt einfach drauf,
irgendwann geht das schon auf.
Manchmal geht es auch daneben,
das gehört zu jedem Leben,
vieles wird nur anvisiert,
keiner ist nur konzentriert.

Umweg und Verzögerung
nehmen mir so oft den Schwung.
Ärger, Frust, ich bin bedrückt,
wenn das Leben nicht gleich glückt.
Doch ich lerne jedes Mal:
Nutzen fließt aus mancher Qual.
Selbst Bedrängnis baut mich auf,
stärkt mich für den langen Lauf.

Zielgerichtet will ich leben,
aber nicht um jeden Preis.
Fehler darf es immer geben,
gut gehts mir, wenn ich das weiß.
Strafen ist der falsche Weg,
das Suchen nach der Schuld,
bei wem sie dieses Mal wohl liegt:
bei mir, bei Gott, der Welt?

Alle Energie verströmt,
jeder Mut versiegt,
weil die Scham die Kräfte lähmt,
wo man anklagt, fordert, rügt.
Besser ist es ganz entspannt
mit dem Blick aufs weite Land,
jeder Zug versöhnt und klug,
nicht perfekt, doch gut genug.

Dann ist nichts völlig vergebens,
nichts verspielt ohne Gewinn.
Alles dient dem Zweck des Lebens,
führt zur nächsten Phase hin.
Nimm dich an, mach mit dir Frieden,
Mensch aus Fleisch und Blut,
setz auf Gnade, Hoffen, Lieben,
lass den Vorwurf, stopp die Wut.

Sei ein Segen für die Welt,
jeder hat etwas, das zählt.
Wehre deiner Perfektion,
begnüg dich auch mit kleinem Lohn.
Punkt für Punkt und Schritt für Schritt,
geh voran und nimm dich mit.
Such den Rhythmus, der dir liegt,
dann hast du schon viel bewegt.

Hast du was ins Ziel gebracht,
nicht zu viel kaputt gemacht –
gönn dir Freude, Stolz und Trost,
werde dankbar, bleib gelöst.
Feiere es mit Energie,
bis es Sterne schneit,
so entsteht die Poesie
der Unvollkommenheit.

Der Mensch braucht Mut

Der Mensch braucht Mut, die Welt ist hart,
Bedrängnis wartet gleich am Start:
Geburtskanal, ein Klaps, ein Schrei,
das Licht ist grell, doch wir sind frei.
Die Welt ist weit, gefährlich, groß,
ganz anders als im Mutterschoß.
Du mutest mir das Leben zu,
fast jeder Schritt ein Risiko.

Nur wenig geht auf Garantie,
was sicher sein soll, ist es nie.
Ich muss so vieles einfach wagen,
ich brauche Mut zum Sein,
auch wenn mich die Systeme tragen,
kann niemand mich davon befrein,
dass jeder Schritt und jede Tat,
alles Denken, jeder Rat
so manche Folge nach sich zieht,
man kanns nicht vorher sehn;
und keiner weiß, wie weit das geht,
da bleib ich manchmal stehn.

Dann kommt die Angst, ich schreck zurück,
ich will doch Wohlergehn und Glück
für mich und die mir nahe stehen,
das kann ich an den Sorgen sehen.
Das Leben schenkt mir nur den Start,
die Zeit, die vor mir liegt,
die Welt an sich ist nüchtern, hart,
und nur der Überwinder siegt,
der sich nicht gehen lässt und flieht,
der Hoffnung aufbaut, Gutes sieht,
wo andere nur Gefahren sehen,
Enttäuschung und Verrat,
da lässt der Mut die Ängste stehen
und wagt sich an die Tat.

Es ist der Mut zur Differenz,
ich bin nicht ganz wie ihr.
Ich geh auch schon mal auf Distanz,
ich folg meinem Gespür.
Ich heb mich ab mit Widerspruch,
ich kann das so nicht sehn,
denn letztlich muss ich immer auch
zu meiner Meinung stehn.

Ich bin mein eigenes freies Selbst
im Denken und Gefühl,
und manches, was erwartet wird,
ist mir einfach zu viel.
Ich weiss nicht, wie ichs sagen soll,
ich trau mich aber doch,
ich weich nicht aus, versteck mich nicht
in irgendeinem Loch.

Hier stehe ich, wie Luther sagt,
ich kann nicht anders sein.
Ich hab mir alles überlegt
und stimm nicht überein.
Ich setz die Harmonie aufs Spiel,
riskier Isolation.
Ich hab für mich ein klares Ziel
der Kommunikation.
So möchte ich verstanden werden,
weils mir wichtig ist.
Ich sag das ohne Drohgebärden,
ohne Druck und ohne List.

Es kostet mich den ganzen Mut,
es fällt mir gar nicht leicht,
doch sag ich nichts, dann ist es so,
als ob die Farbe bleicht.
Mein Herz wird grau, das Leben schal,
die Bitterkeit schmeckt durch.
So wag ich lieber doch den Sprung
weit über meine Furcht.

Der Mut erhebt sich, rein und gut,
ich bin nicht mehr versteift.
Ich bin beseelt von Hoffnungsblut,
ein Mensch, der sich begreift.

Die Ahnung, die man Hoffnung nennt

Die Ahnung, die man Hoffnung nennt,
ist wie ein scheues, kleines Kind.
Es fällt mir schwer, sie grad zu sehen,
ich kann so vieles nicht verstehen.
Da, wo das Schöne warten soll,
da spotten Steinschlag und Geröll,
Gestrüpp und Schutt werden zum Berg;
und meine Kraft scheint wie ein Zwerg.

Ich geb mir Mühe, greife zu,
ich rode, grabe ohne Ruh.
Ich nehm mir vor, dass dies gelingt,
doch alles rosa Denken hinkt —
seh ich der Zukunft ins Gesicht,
dann schwindet sie in diesem Licht.
Ich muss es mir schon eingestehn:
mein Traum kann hier auch untergehn.

Wie eine Burg steht diese Wand
als Mauer vor mir und hält stand
Ich kann sie endlos attackieren,
kein Trick scheint noch zu funktionieren.
Ernüchterung ist angebracht,
der Wunsch allein hat keine Macht.
Ein Handeln, das an Hoffnung hängt,
wär das, was mich jetzt weiter bringt.

Die Hoffnung sagt, da ist ein Weg,
auch wenn er noch im Dunkeln liegt.
Denn hinter all dem Nebeldunst,
da brennt die Sonne, strahlt die Gunst,
lässt Vögel fliegen, Gräser blühen,
Turm und Stadt im Licht erstehen,
an jedem Hoffnungsmorgen neu,
doch selten bleibt es dann dabei.

Erschöpfung legt sich aufs Gemüt,
weil niemals alles endlos blüht.
Der Vogel stirbt, die Blume welkt,
der Ton bricht ab, der Stein zerfällt.
Der Turm sinkt ein, die Stadt vergeht,
bis grauer Staub im Wind verweht.
Die Flamme brennt nicht ewig hell,
kein Läufer läuft für immer schnell.

All das ist fraglos Teil der Welt,
die mich nicht endlos trägt und hält.
Denn: Welt allein ist nicht genug,
nicht jeder Wunsch ist wirklich klug.
Dahinter muss es etwas geben,
ein Faden muss sich durch das weben,
was wir erleben, sind und tun,
der uns ermöglicht, auszuruhen.

Die Kraft zum Leben liegt in dem,
was wir nur ahnen, nicht verstehen.
Das Kind wird groß, wird Frau und Mann,
wenn wir es stärken dann und wann.
Das ist nicht Flucht, nicht Illusion,
kein Ausstieg in die Abstraktion.
Es ist der Weg, der in uns liegt,
der Ruf, das Spüren, das sich regt.

Wer glaubt, der weiß es tief verbürgt,
dass Gott verborgen in uns wirkt.
Aus ihm entstanden leben wir,
zu ihm vergehen und sterben wir,
in jedem Ende, jedem Tod,
auch in der Ohnmacht und der Not.
Der Faden, den die Seele spinnt,
ist Ahnung, die man Hoffnung nennt.

Ich hör mir endlich selber zu

Ich hör mir endlich selber zu,
frage mich: Wo drückt der Schuh?
Spür hinein in Brust und Bauch,
erst ist es nur Schall und Rauch.
Frust und Fragen, Druck und Drang,
Echos, Stimmen, Klage, Klang,
all das in mir, groß und klein,
will gehört, verstanden sein,
wahrgenommen und erkannt,
statt verdrängt, ins Nichts verbannt.
Es braucht Zeit, um zu verstehn,
wohin all die Gedanken gehn,
hinter dieser Hektikwand
aus Machertum und Sachverstand.
Deshalb frag ich, wies mir geht,
wies im Ganzen um mich steht.

Hier ist ein anderer Sinn gefragt,
die Logik hilft nicht viel,
das Rationale hat getagt,
und kam doch nicht zum Ziel.
Ich fokussier jetzt mein Gefühl —
mein Körper führt mich an,
ich achte auf das feine Spiel,
das mich enträtseln kann.

Die Antwort ist hier angelegt,
ich muss sie nur verstehn,
muss tiefer hörn, was mich bewegt
und die Verbindung sehn.
Mein Körper ist mein Lebenshaus
ich ruh mich nicht nur damit aus.
Er ist mein Zugang zu der Welt,
spürt, was mich plagt und mir gefällt.

Das Faserwerk der Sorgenlast,
die Stricke, Ketten meiner Hast,
die angestaute Wasserflut,
von Ärger, Zorn und stiller Wut,
das ängstlich-feige Hin und Her,
die mutig-stolze Gegenwehr,
Begehrlichkeit und nackte Gier
was setzt sich durch, was bleibt in mir?

Was gibt mir Recht, was klagt mich an,
was macht mich stolz, weil ich es kann?
Was stimmt mich froh, was trübt mich ein,
und was kann ein Wort für all das sein?
Was fühl ich grade, was herrscht vor,
und welche Regung tief in mir,
sehnt sich nach Wärme, Trost im Leid,
nach Freundschaft in der Einsamkeit?

All das darf hier nun endlich sein,
denn damit bin ich nicht allein.
Über mir strahlt noch ein Licht,
ich spüre Gottes Angesicht.
Aus freundlich-liebender Distanz
erklingt ein Ruf: komm, werde ganz!
Du sollst leben, du sollst sein,
nimm dich an und spür hinein.

Jetzt bin ich mir schon mal bewusst,
hab einen Teil von mir erfasst,
Irgendwann muss ich auch gehn,
das Leben drängt, es bleibt nicht stehn.
Doch hierher komm ich gern zurück,
ich hab mich selber jetzt im Blick,
bleib mit mir auf du und du,
ich hör mir endlich selber zu.

Ich kam in einen Gottesdienst

Ich kam in einen Gottesdienst,
das Timing war perfekt,
die ganze Sache klug durchdacht,
das Aussehn wie geleckt.
Die Technik und das Bühnenlicht
begeisterten sofort
den Mann in mir, der so was liebt,
doch etwas war nicht dort.
Die leise, sanfte Freundlichkeit,
das Herz, das zu mir spricht
aus Schmerz und Liebe, warm und zart,
bis falscher Stolz zerbricht.

Ich kam in einen Gottesdienst,
der Pfarrer im Talar,
die Lieder aus dem Liederbuch,
wies da schon immer war.
Die Predigt hatte Moralin,
mit Vorwurf kam der Ton:
Du solltest, müsstest, wenn du glaubst ...
Wer braucht das heute schon?
Ich suchte nach dem Geist des Herrn,
Erbarmen, Hoffnung, Licht,
doch hier war nur ein toter Stern,
die Liebe fand ich nicht.

Ich kam in einen Gottesdienst,
mit Menschen, schwach und klein,
kein Profisound, kein Schwergewicht,
hier durfte man nur sein.
Man sang und spielte, hörte still,
ein Suchen nach dem Sinn,
erfindungsreich und tief bewegt,
was für ein Gewinn!
Ich spürte Liebe, Gnade, Kraft,
den Mut, zu mir zu stehn,
und konnte das Geheimnis Gott
auf einmal ganz neu sehn.

Es braucht nicht viel, es ist schon da,
was uns zu Gott bewegt.
Das sanfte Werben tief in uns
wird immer freigelegt,
wenn Menschen uns sich selber geben,
um zu inspirieren,

mit ihrem Kampf aus ihrem Leben –
das kann uns weiterführen.
Gemeinsam finden wir den Weg
in Glaube und Gebet,
wenn dieser feine, sanfte Wind
in unseren Herzen weht.

Ein Gottesdienst ist wie ein Land,
in das wir Menschen gehen,
um dort an einem Ruhestrand
die Welt vor Gott zu sehen.
Wir beten, singen, suchen still,
wir lernen, lassen los,
wir hören, danken, werden hell,
und denken wieder groß.
Ein kleiner Funke reicht oft aus,
er stärkt die stille Glut,
er lässt uns weite Wege gehen,
macht vieles wieder gut.

Aufgewühlt

Aufgewühlt und tief verletzt,
mein Denken hatte ausgesetzt,
ein Vorwurf traf mich bis ins Mark,
bisher hielt ich mich selbst für stark.
Doch damit war es nun vorbei,
in mir nur Wunde, stummer Schrei,
verletzt, verbogen, wie gefällt,
angeklagt und schwer entstellt.

Betäubt von Schmerz und Traurigkeit,
bedrückt von Schicksal, Schuld und Leid.
Allein versank ich in der Flut,
ich brauchte Hilfe, Hoffnung, Mut,
durch einen, der den Teil versteht,
der tief in mir im Argen liegt,
mir Antwort gibt: Was ist normal,
und was ist falsch, katastrophal?

Wo darf ich mir ruhig selbst vergeben,
nach welcher Änderung muss ich streben?
Mir fehlt der Boden, Grund zum Stehn,
die Weisheit, mit mir umzugehn,
die Kompetenz, die leise spricht,
damit die Seele nicht zerbricht,
das offene Ohr, ganz konzentriert,
das auch die Zwischentöne hört.

Ich fand Vertrauen für den Weg,
der sich in andere Hände legt,

Ich suchte einen Helfer auf,
erzählte meinen Lebenslauf,
ließ Hüllen fallen, zeigte mich,
war einer, der von Schwäche spricht.
Ich spürte schon beim Reden schnell,
ich war nicht mehr im freien Fall.

Hier fand ich Solidarität,
die Wunden wurden gut genäht.
Ich konnte in den Spiegel schaun,
mich wieder mögen, mir vertraun.
Inmitten meiner Menschlichkeit
war Würde, Gnade, tief und weit.
Gott heilte mich durch Freundlichkeit,
gepaart mit Sachverstand und Zeit.

Und Heilung ist viel mehr als das,
was man mal hört und dann vergisst.
Sie ist ein tiefer Zufluchtsort,
wo Scham verhungert und verdorrt,
wo man erlebt: Man wird erkannt
und spürt doch dieses starke Band,
das sich um unsere Seele legt,
bis sie sich wieder leicht bewegt.

Das Leben bleibt verwundbar, schwach
und doch ist da ein starkes Dach,
das uns in allen Stürmen schützt,
uns trocknen lässt, auch innen stützt.
Als Mensch erkannt und akzeptiert,
im Grund gehalten, sanft berührt,
erleben wir Verbundenheit,
der Sturm klingt ab, die Welt wird weit.

Worte fließen aus der Schrift

Worte fließen aus der Schrift,
Wege für den Geist entstehn,
Samen sprießen, etwas hofft,
etwas glaubt und will es sehen.
Gott-Gedanken finden Heimat,
Wahrheit weckt und wärmt den Geist.
Tief in mir entsteht ein Vorrat —
Nahrung, die den Glauben speist.

Ohne Zauber und Magie,
doch mit Kraft und Poesie,
wahr und wirklich, so geschehen,
doch aus einer Sicht gesehen,
die dem Menschen unserer Zeit
nicht mehr nah ist, aber bleibt,
weil der Kern sich nicht zerstört,
wenn man anders darauf hört.

Bücher, Briefe, Lied, Gebet,
Geschichten, wie die Welt entsteht,
werfen Licht auf meine Fragen,
wolln mir etwas Tiefres sagen,
öffnen mir die Innen-Ohren
lehren mich, auf Gott zu hören,
wie es nur das Herz versteht,
mit dem man dann das Ganze sieht.

Sehen ist ein großes Wort,
meint viel mehr, als was man hört:
es verstehen, kennen, spüren,
es begreifen, fast berühren.
Gott kommt mir beim Lesen nah,
und doch ist er schon ewig da.
Heilungskraft und Gegenwart
melden sich ganz fein und zart.

Menschenfreundlich, zugewandt,
inmitten meiner Zeit,
Vaterliebe, die mich kennt,
mir Halt und Sinn verleiht.
Offenbar und doch verborgen,
wirken Worte zeichenhaft,
um die Seele zu versorgen
mit Verständnis, Licht und Kraft.

Worte fließen aus der Schrift,
trösten, machen Mut,
wenn mein Blick auf Liebe trifft,
und ich sehe: Gott ist gut!

Trinken will ich diesen Fluss,
bis er mich belebt,
bis der stete Wortgenuss
ein Gewebe webt,
das mich kleidet, wärmt und schmückt,
umgibt mit Trost und Kraft
das mich sättigt und beglückt,
sogar neues Leben schafft.

Unter Druck

Unter Druck mach ich mich klein,
versuch, mich wegzuducken
und möglichst viel von meiner Last
vor anderen zu verstecken.
Ich setz die Kräfte, die ich hab,
nur äußerst sparsam ein,
und hoffe ganz am Ende noch,
nicht aufgelöst zu sein.

Ich such die Mitte, die Balance,
das Pendel reißt mich mit.
Ich finde auch mit Disziplin
den Weg nicht gleich zurück.
Durch Drang und Eifer droht Gefahr,
mein Zentrum zu verlieren,
nur noch zu folgen und nicht mehr
das Eigene zu spüren.

Da ist nur Durchgang, keiner will
in solcher Enge wohnen.
Der Aufenthalt an diesem Ort
kann sich nicht lange lohnen.
Und doch ist dieses Hamsterrad
so oft mein Lebensraum,
ich wandle hier auf schmalem Grad,
und trete Luft zu Schaum.

Druck darf nie auf Dauer sein,
das hält der Mensch nicht aus.
Wir spüren ihn täglich, das ist wahr,

doch zieht es uns hinaus
in weite Wege, ruhiges Spiel,
befreit von dieser Hast,
zufrieden mit dem Zwischenziel,
mit dem, was man schon ist.

Wer zu hoch pokert, zu hart kämpft,
der bricht auch schnell entzwei,
wird sich zum Fremden und zur Last.
Er eilt den Tag herbei,
an dem dann schließlich nichts mehr geht,
der Stillstand wird zum Zwang.
Bevor dir dieses Schicksal blüht,
wähl einen anderen Gang.

Den Gang, der dich ins Dasein trägt,
dir Raum und Freiheit gibt,
der Schwäche auch mal offenlegt,
nicht alle rettet, immer siegt.
Die Demut sagt mir: Bleib entspannt,
du musst nicht alles sein,
sonst ist die Erde bald verbrannt,
nur Wüste, Sand und Stein.

So lös ich mich von all dem Druck,
der aus mir selber kommt,
starr nicht mehr nur mit Tunnelblick,
der mir die Weitsicht nimmt.
Ich atme tief und lasse los,
ruh aus und geh in mich.
Das Kleine wird mir wieder groß,
und langsam wird es Licht.

Worte sind nur ausgeborgt

Worte sind nur ausgeborgt,
Wirklichkeit ist das, was wirkt,
Groß ist dies komplexe Werk:
Schicksal, Freiheit, Tal und Berg,
Parameter unseres Seins,
Flächen unseres Urgesteins.

Über Worte wird uns klar,
wie die Welt schon immer war.
Worte spiegeln unsere Sicht,
geben allem sein Gewicht.

Messen kann man das nur schwer,
es erzählen geht schon eher.
Worte schildern Wirklichkeit,
von der Qual zur Herrlichkeit.

Manchmal aber muss man schweigen,
weil die Worte das nicht zeigen,
was hier vorgeht, was uns plagt
was an unserer Seele nagt.

Tiefes Leid macht Menschen stumm,
reden wirkt hier häufig dumm.
Doch ansonsten ist das Wort
meistens ein Erkenntnisort.

Hier trägt man ein Ding an sich
aus dem Dunkel in das Licht,
wos ein anderer sehen kann,
führt ihn vorsichtig heran.

Jetzt muss Deutung her, muss stimmen,
weil wir sonst im Treibsand schwimmen.
Hirngespinste bilden sich,
lenken ab, erhellen nicht.
Manchmal wird verdrängt, vernebelt,
Wahrheit wird dann ausgehebelt.

Erst wenn wahre Worte klären,
kann man spüren, glauben, hören,
wird der Mensch empfangsbereit
für den Kern der Wirklichkeit.

Denn das Ding, um das es geht,
das, worum sich all das dreht,
was ein Wort uns sagen kann,
zieht uns erst in seinen Bann,
wenn es trifft und auch zugleich
voller Spielraum ist und weich.

Wirklichkeit ist rational,
Vernunft und Logik ihr Ventil.
Trotzdem treiben Emotionen
uns zu manchen Aggressionen.

Worte sind ein Film im Kopf,
drücken manchen tiefen Knopf,
wenn wir überreagieren,
weil wir wieder etwas spüren,
was die Seele quält und frisst,
es nochmal erleben lässt.

Wirklichkeit ist subjektiv,
jeder spürt sie instinktiv!
Keiner sieht das ganze Bild,
immer nur die eigene Welt.

Jeder, der sich etwas denkt,
ist darin auch eingeschränkt.
Drum hör möglichst vielen zu,
keine Meinung ist tabu.
Bleib stets offen, frei und weit
für die ganze Wirklichkeit.

Worte sind nur ausgeborgt,
doch durch sie sind wir versorgt
mit der Möglichkeit zu Sinn,
Austausch, Freude, Lustgewinn.

Jeder, der uns etwas sagt,
hat sich selbst hervorgewagt
aus dem Turm der Einsamkeit
in den Fluss der Wirklichkeit,
wo wir Menschen uns begegnen,
um dem Sein den Weg zu ebnen.

Claudia Peppers Buch besticht durch ihre praxisnahe Sprache, viele persönliche Beispiele und konkrete Lösungsansätze. Ich kann es Menschen, die an inneren Weggabelungen stehen nur empfehlen.

Heidi Seidel - christliche Beraterin im IACP

ebenfalls neu bei mc-peppersongs

Ist Glück Glückssache – Wege zu gelingendem Leben

von Claudia Pepper

Claudia Pepper, Jahrgang 1961, arbeitete als ordinierte Pastorin 13 Jahre in einer evangelischen Freikirche in Berlin. Im Jahr 2000 machte sie sich als Referentin selbstständig, studierte einige Semester Psychologie, Kommunikationswissenschaften und Geschichte und absolvierte eine Ausbildung als Imageberaterin. Sie berät Einzelpersonen und Gruppen in Fragen rund ums Erscheinungsbild. In verschiedenen Foren hält sie Vorträge und Seminare zu Lebensfragen. Claudia Pepper ist mit dem Musiker Martin Pepper verheiratet. Das Paar hat zwei erwachsene Kinder und lebt in Berlin.

Die Suche nach Glück fasziniert unsere moderne Gesellschaft. Claudia Pepper hinterfragt naive Glücksvorstellungen und setzt reife Akzente zur Glückssuche.

Siegfried Zimmer

---

mit Sinn und Seele

MC PEPPER SONGS

www.peppersongs.com